EL CAMINO HACIA MÍ MISMO

LA CALLE

EL CAMINO HACIA MÍ MISMO
© Juan Alba
Diseño de portada: Dpto. de Diseño La Calle

Iª edición

© Editorial La Calle, 2026.

Editado por: Editorial La Calle
c/ Cueva de Viera, 2, Local 3
Centro Negocios CADI
29200 Antequera (Málaga)
Teléfono: 952 70 60 04
Fax: 952 84 55 03
Correo electrónico: editoriallacalle@editoriallacalle.com
Internet: www.editoriallacalle.com

ISBN: 978-84-19519-41-2
Depósito Legal: MA 114-2026

Impresión: PODiPrint
Impreso en Andalucía – España

Nota de la editorial: ExLibric pertenece a Innovación y Cualificación S. L.

Juan Alba

EL CAMINO
HACIA MÍ MISMO

Editorial La Calle

Antequera 2026

No te reconstruyes volviendo a ser quien eras. Te reconstruyes descubriendo quién siempre debiste ser.

PRÓLOGO

¿POR QUÉ ESCRIBO ESTO?

Mi nombre es Juan, tengo veinticinco años y He decidido compartir mi historia.

Escribo esto, no para revivir el dolor, sino para dejarlo ir. Escribo, porque durante mucho tiempo me sentí completamente solo, creyendo que nadie más había vivido lo que yo vivía. Escribo, porque si hay alguien ahí afuera sintiéndose como yo me sentí —invisible, roto, equivocado— quiero que sepa que no está solo.

Esta es mi historia como un hombre gay que creció con temor al rechazo, que batalló con la ansiedad sin reconocer todavía la verdad que lo definía, que pensé en rendirme más de una vez y que, finalmente, está aprendiendo a amarse a sí mismo.

No soy perfecto. He cometido errores. He herido a personas. Me herí a mí mismo. Pero estoy aquí, y eso ya es algo.

Si estás leyendo esto y te sientes perdido, quiero decirte algo desde el inicio: **la vida es hermosa, llena de tranquilidad y felicidad. Todo lo que pasa en tu vida es por algo, y siempre, siempre hay un camino para ti.**

Esta es la historia de cómo encontré el mío.

*La sanación no borra las cicatrices.
Te enseña a llevarlas como mapas de todo
lo que sobreviviste.*

PARTE I

RAÍCES Y CONFUSIÓN

Tocar fondo no es el final. Es el momento en que dejas de caer y empiezas a elegirte.

1

LOS PRIMEROS RECUERDOS

Mis primeros recuerdos son de felicidad: una reunión familiar junto al río, mis tíos tomando cerveza, jugando con mis primos y hermanos. Un momento inocente, sin las complicaciones que llegarían después. Pero también guardo otros recuerdos de esa época, más confusos.

A los cinco años, tuve experiencias con un primo mayor que yo. No sabía lo que estábamos haciendo, solo recuerdo la curiosidad y una sensación que no entendía. Éramos niños explorando sin comprensión.

Durante mucho tiempo, guardé esos recuerdos en un lugar oscuro de mi mente, preguntándome si habían definido algo en mí. Hoy entiendo que la sexualidad es mucho más compleja que un solo momento, y que no tengo que cargar culpa por la curiosidad infantil.

Lo que aprendí: Los niños exploran el mundo sin los juicios que los adultos ponemos sobre las cosas. No todo en nuestro pasado necesita una explicación o una culpa.

2

EL *KÍNDER* Y LA PRIMERA ATRACCIÓN

Cuando entré al *kínder*, sentí algo que no había experimentado antes. Había una niña que me atraía profundamente. Quería estar siempre con ella, soñaba con ella. Era un sentimiento puro y bonito.

Nunca pude decirle lo que sentía. Pero ese recuerdo me enseñó algo importante: siempre tuve la capacidad de sentir amor, de conectar con otros, incluso cuando más adelante pensaba que estaba roto.

La primaria fue tranquila. Fue la secundaria donde todo comenzó a complicarse.

3

SECUNDARIA:
DESCUBRIMIENTO Y CULPA

Al llegar a sexto grado, todo cambió. Fue el año en que descubrí la masturbación, junto con un grupo de compañeros. Nos reuníamos a explorar nuestros cuerpos, a comparar, a experimentar juntos. Para mí, esos momentos tenían un significado diferente. Me gustaba más de lo que querría admitir.

Recuerdo que lo hacíamos en los descansos, cuando no teníamos clases. Había compañeros de grados superiores que se reunían en los baños. Yo los seguía, fascinado.

Ese mismo año, en una acampada familiar, volví a estar con mi primo. Esta vez éramos mayores, conscientes de lo que hacíamos. Tuvimos relaciones sexuales completas mientras nuestros otros primos dormían borrachos a nuestro lado. La adrenalina, el morbo, el placer... todo se mezclaba.

Para el año siguiente, descubrí el porno. Al principio, veía contenido heterosexual con mis compañeros, incluso con compañeras, pero algo faltaba.

Tuve una experiencia con un compañero que cambió algo en mí. Nos quedamos solos durante educación física y experimentamos juntos. Más adelante, en mi casa, mientras hacíamos un trabajo de biología, las cosas fueron más lejos. Él me penetró, y aunque al principio dolió, después fue placentero.

Pero algo se rompió en mí ese día. Él solo quería penetrarme, nunca lo contrario. Me sentí usado. Vulnerable. Y cuando casi nos descubren en otra ocasión, la rabia que sentí fue inmensa.

Desde ese momento, comencé a culparlo por todo. Por hacerme sentir atracción hacia los hombres, por «arruinar» mi normalidad, por hacer que nunca pudiera tener una vida «como debía ser».

Lo que aprendí después: La culpa es más fácil de cargar cuando la pones en otros. Pero mi sexualidad no era culpa de nadie. Era simplemente quien yo era.

4

EL ENCIERRO Y LA NEGACIÓN

Cuando descubrí el porno gay, algo hizo clic. Esto era lo que realmente me atraía. Pero con esa revelación vino un torrente de odio hacia mí mismo. Me encerré. Veía porno gay en secreto, me masturbaba solo y me odiaba por ello. Pensaba que era un desadaptado, alguien que nunca encajaría. Veía a mis compañeros con novias, a las chicas embarazadas, a todos avanzando en una dirección mientras yo estaba atrapado en otra.

Renegaba de mí mismo constantemente.

«Por su culpa me gustan los hombres», me decía, refiriéndome a mi compañero. Pero en el fondo sabía que era mentira. Nadie te «hace» gay, pero una infancia de silencios, de rezos por tu «sanación», de amor condicionado a tu negación, sí te hace pedazos. Te tomó años entender que no hay nada que curar, que la valentía no es cambiar, sino amarte completo. Así terminó mi vida en el colegio: solo, lleno de culpa y sin aceptar quién era realmente.

*Sanar no es olvidar el dolor. Es quitar-
le el poder de definirte.*

PARTE II

LA BÚSQUEDA SILENCIOSA

No eres el error que te hicieron creer.
Eres la verdad que les dio miedo enfrentar.

5

UNIVERSIDAD:
INVISIBLE EN LA CIUDAD

Entrar a la universidad fue emocionante. Nueva ciudad, nuevas personas, nuevas oportunidades. Pero yo seguía siendo el mismo Juan que se escondía.

Viví con mi hermana y viajaba cada fin de semana para estar con mis padres en la finca. Era muy reservado, muy enfocado en mis estudios. Mis padres estaban orgullosos de mí, pero por dentro había un vacío enorme.

Veía a mis compañeros salir de fiesta, tener novias, amigas, relaciones... Yo estaba solo en casa, complaciéndome con porno y sintiéndome miserable por ello.

Pasaba hasta dos horas en las noches viendo contenido gay y masturbándome, para después sentir una culpa aplastante.

«¿Quién se fijaría en alguien en mi condición?», pensaba.

No tenía amigos con quienes hablar de esto. Nadie sabía quién era realmente.

Estuve seis años en la universidad. Seis años pasando materias, haciendo felices a mis padres, siendo el hijo ejemplar. Pero en todo ese tiempo, nadie me dijo «te amo». Y yo anhelaba desesperadamente que alguien lo hiciera.

Lo que aprendí: Puedes estar rodeado de personas y sentirte completamente solo cuando no puedes ser quien realmente eres.

PARTE III

EL ABISMO

Pasé años tratando de caber en moldes ajenos. La libertad llegó cuando entendí que nunca fui hecho para encajar.

6

PANDEMIA:
CUANDO TODO SE DERRUMBÓ

Me gradué de la universidad. Debió ser el día más feliz, y lo fue por un momento. Pero casi inmediatamente llegó la pandemia y, con ella, mi caída más profunda.

El primer año fue tolerable. Pero el segundo año encerrado, sin trabajo, sin nadie con quien compartir más allá de mi familia, me quebró.

No quiero decir que mi familia no es importante —es lo más sagrado para mí—, pero me faltaba algo más. Alguien que me amara de una manera diferente. Alguien con quien experimentar, conocer, enamorarme.

Veía en redes sociales a mis compañeros realizados: con buenos trabajos, con pareja, independientes. Y yo dependía completamente de mis padres. La comparación me estaba matando.

Eliminé mis redes sociales porque no podía soportar ver lo que no tenía. No quería existir. Pensé en suicidarme, pero no tenía el valor para hacerlo y eso me daba aún más rabia. Me sentía como una carga para mi familia.

Así comenzó mi depresión.

Las peleas con mis padres se volvieron constantes. Me veían de mal genio todo el tiempo, sufriendo sin poder explicar por qué. Preocupados, me llevaron al psiquiatra. Ya no dormía. Me sentía acomplejado de mi cuerpo, de no saber expresarme, de todo.

Me recetaron medicamentos «para ser feliz». Pero lo único que realmente me hacía sentir algo de alivio era masturbarme y relajarme por un momento.

Descubrí Omegle, donde podía hablar con extraños de forma anónima. Pero no era lo que necesitaba. Después descubrí que en esa plataforma podía ver sexo en vivo entre hombres. Era mi manera de sentir algo «real», aunque no lo fuera.

La acumulación de estrés me llevó a hacer algo que nunca había hecho: me fui de casa.

7

HUYENDO DE MÍ MISMO

Me fui a Pereira, donde vivía una tía. Era la primera vez que me iba así, buscando una nueva vida. Estuve tres semanas intentando conseguir trabajo, pero la pandemia aún limitaba todo.

Recuerdo que me masturbaba en lugares nuevos, como dejando mi marca. Era una forma extraña de sentir que existía, que había estado ahí.

Sin dinero, tuve que regresar con mis padres en Boyacá. La verdad es que los extrañaba. Intenté poner mi mejor actitud.

Entonces tuve la oportunidad de viajar a Estados Unidos. Había conseguido una cita en la embajada. Pensé que esa era mi salida, mi oportunidad de empezar de nuevo, pero me negaron la visa.

Ese rechazo me hundió aún más. Sentí que el universo me estaba diciendo que no valía la pena, que no merecía nada mejor.

Un día vi que mi hermano usaba Badoo, una aplicación de citas. La descargué y me puse a buscar hombres. Me sirvió para perder el miedo de escribir y preguntar, pero no resultaba nada concreto. Me sentía invisible incluso ahí.

Una noche que no podía dormir, salí a maldecir en voz alta. Le grité al universo que quería un trabajo, poder conocer personas y salir adelante. No sabía que estaba a punto de recibir una respuesta.

Después de otra pelea con mis padres, me fui de casa nuevamente. Mi tío me escribió —creo que mis padres le pidieron que hablara conmigo— y me invitó a Bogotá. Fui, trabajé con él como comerciante y conocí la capital. Me sentí un poco mejor.

Regresé con mis padres para pedir perdón, pero ya estaba decidido a radicarme en Bogotá.

Aún me faltaba algo: quería con ansias estar con alguien. Ya era suficiente de masturbarme y estar solo.

Entonces, llegó la llamada que cambiaría todo.

8

POR FIN: MI PRIMER TRABAJO

Una familiar me recomendó para una vacante en una empresa del sector petrolero en Bogotá. No tenía muchas esperanzas, ya que me habían cerrado las puertas tantas veces antes. Pero me contactaron y me hicieron una entrevista. Estaba nerviosísimo. Era mi primera entrevista real.

Y me contrataron.

Por fin tenía mi primer trabajo.

Los primeros meses fueron duros. No tenía tiempo para nada más, pero me sentía útil por primera vez. Era independiente, devengaba un sueldo, estaba encajando en algún lado.

Comencé a valorar muchas cosas que antes renegaba, sobre todo, a mi familia. Aprendí de la vida laboral, compartí con mis compañeros.

Seguía masturbándome todas las noches viendo porno, pero algo en mí había cambiado. Ya no era solo escapismo. Ahora era más bien un hábito mientras procesaba lo que estaba viviendo.

Tenía trabajo. Tenía estabilidad. Pero aún faltaba algo. Y estaba a punto de dar el siguiente paso.

Ser tú mismo en un mundo que te pidió ser otro es el acto más revolucionario que existe.

PARTE IV

EL DESPERTAR

El amor es tranquilo y seguro. Lo que cambia según tu verdad nunca fue amor, sino ansiedad.

9

LA APLICACIÓN: ACEPTÁNDOME POR FIN

Un día, durante un descanso en la finca de mis padres, sentí que era momento. Ya no quería solo masturbarme viendo vídeos. Quería vivir lo que veía. Quería estar con hombres de verdad.

Busqué en internet y encontré Grindr. Nunca había oído hablar de ella. Tenía miedo de usarla, pero me dije: «¿Qué más puedo perder?».

Decidí ser honesto. Mostré mi rostro, fui yo mismo. Tenía miedo de que alguien me reconociera, de que me juzgaran, de que nadie sintiera algo por mí si era feo.

Pero no pasaron ni cinco minutos cuando comenzaron los mensajes. Hombres interesados. Hombres como yo.

Por primera vez pensé: «No soy el único. Hay muchos así».

Me sentí bien. Estaba perdiendo el miedo de hablar, de ser yo mismo, pero también sabía que si iba a hacer eso, tenía que ser responsable. Compré condones por internet, pues no era capaz de ir a la droguería todavía.

Mi primer encuentro fue en Bogotá, cerca de donde vivía. La adrenalina era inmensa. No sabía cómo sería en realidad. Lo invité a tomar una cerveza para conocerlo. Solo hablamos, y no hubo química.

Días después, contacté a otro hombre. Era atlético y maduro. Fui a su casa con temor. Hablamos un poco, pero él quería ir directo al grano. Accedí. Le hice una felación. Fue breve porque él tenía otra cita.

Aun así, fue emocionante. Había estado con alguien real. Llegué a casa esa noche y me masturbé pensando en ello, pero esta vez no con culpa. Con satisfacción.

Estaba empezando a aceptarme.

Seguí conociendo gente. Tuve un trío en otro pueblo —algo que nunca había hecho—. Fue interesante experimentar en ambos roles.

Ya no necesitaba porno, tenía recuerdos reales.

10

RICARDO, MI PRIMER AMOR

Un día, mientras estaba en Tunja por negocios familiares, abrí Grindr. Aparecieron varios mensajes, pero uno me detuvo en seco.

Era él. Ricardo.

Sus fotos me encantaron al instante: esa mirada penetrante, ese brillo en sus ojos, su sonrisa, su postura. Sentí que quería conocerlo, saber todo de él.

Le escribí de inmediato. Me respondió al instante. Le dije que era muy guapo. Cruzamos números y comenzamos a hablar por WhatsApp.

Lo que me iluminó los ojos fue su profesión: era chef. Eso era algo que yo había querido estudiar, que amaba desde niño.

Él estaba en Tunja de visita a su familia. Seguimos hablando de nuestras vidas, de qué hacíamos. Me pidió hacer videollamada. Fue emocionante verlo así. Quería verlo en persona.

Él también me decía que quería verme. No me lo creía.

Le pedí prestada la moto a mi hermano y viajé al día siguiente a Tunja. Mi corazón estaba a mil. Nos encontraríamos en la Plaza Bolívar.

Cuando lo vi y lo saludé de mano, me recorrió un frío por todo el cuerpo.

Tomamos un café. Lo miré de arriba abajo, analizándolo. Me fascinó. Me dijo que tenía unos ojos muy bonitos, que estaba muy guapo.

No me lo podía creer.

Sentados, comenzamos a rozar las piernas. Yo quería conocerlo más antes de ir más lejos. No quería que fuera como mis encuentros pasados: una vez y adiós.

Él respetó mi decisión. Salimos de la cafetería; yo pagué, y cuando me devolvió las vueltas, rozó mi mano levemente. Fue hermoso.

Caminamos, seguimos hablando. Lo llevé a almorzar donde siempre voy con mi familia. Quería verlo comer, conocer esos detalles.

Después del almuerzo, me dijo que al menos quería besarme. Yo también lo quería. Le dije que fuéramos a un hotel.

Fuimos al terminal antiguo. Compartimos los gastos. Eso me gustó: había equidad.

Cuando estuvimos solos en la habitación, me tomó de la cintura y nos besamos. Sentí su barba con la mía. Me abrazó fuerte. Lo sentía todo de él.

No me lo creía. Estaba con él.

Entonces hizo algo que nadie había hecho antes. Me llevó frente al espejo, me abrazó por detrás y me dijo que mirara. Que la persona frente a mí era la más bella y que tenía que decírmelo a mí mismo.

Ese fue el momento más hermoso que alguien me había dado.

Me sentí visto. Protegido. Deseado sinceramente.

Me entregué a él completamente.

Sus besos fueron placenteros. Nos vinimos al mismo tiempo sin penetración. Pensé que lo hacía porque apenas nos conocíamos, pero fue hermoso igual.

Nos bañamos juntos. Quería abrazarlo, pero tenía miedo de un rechazo.

Me estaba alistando para salir, pensando que ya había pasado lo que tenía que pasar, pero él me dijo que quería estar más tiempo conmigo, los dos solos en esa habitación.

Me quedé a su lado, viendo su mirada, oyendo su respiración, tocando su cara...

Volvimos a hacerlo. Nos besamos apasionadamente. Me hizo un beso negro, algo que nunca había experimentado. Fue increíblemente placentero.

Después, estuvo dentro de mí. Fue sin protección, bajo nuestra responsabilidad. Lo sentí todo de él. Nuestro placer se mezclaba.

Fue maravilloso.

Después nos bañamos de nuevo. Ya no tenía miedo. Lo abrazaba sin soltarlo. Pero tenía que regresar a casa, devolver la moto, alistar mi regreso a Bogotá. Me pidió que me quedara esa noche, pero no pude.

Acordamos estar en contacto. Me llamó Ojitos lindos. Me advirtió que no era de mucho contacto, que por eso sus relaciones no habían funcionado.

Lo entendía. Yo también era así.

Salimos, me dio un beso, me acompañó al parqueadero. Fue la última vez que lo vi en persona.

Estaba feliz y cansado a la vez. Me dije: «No lo olvidaré. Ricardo».

11
AMOR A DISTANCIA:
EL DOLOR DE NO SER SUFICIENTE

Después de nuestro encuentro, le escribía por las mañanas y tardes deseándole un buen día. Nada más. No quería molestarlo o que sintiera que era intenso.

Él me dijo que respetaba mi tiempo en el trabajo.

Una semana después, recibí su llamada. Me sorprendió. Me dijo que no podía dejar de pensar en mí.

Yo estaba igual.

Decidimos hablar todas las noches por teléfono, hacer videollamadas, saber cómo estábamos. Me dijo que estaba triste porque estábamos muy lejos.

Lo entendí, pero quería saber de él.

Nos masturbábamos juntos por videollamada, hablándonos con placer. Nos veíamos bañar. Anhelaba estar con él.

No recuerdo cuándo llegamos a decirnos «amor», «te amo». Esa palabra se volvió la más hermosa del mundo para mí. Te amo, te amo, te amo. Vivía con eso en mi cabeza. Me hacía feliz.

Mandábamos audios, fotos. No paraba de verlo, de oírlo. Sentía necesidad de saber de él todo el tiempo.

Pero tenía miedo de que mis impulsos de escribir constantemente lo fastidiaran. Tuve que hacer mucho esfuerzo para controlarme.

«Debo respetar su tiempo», me repetía. «No quiero que se aburra de mí».

A veces, en reuniones familiares, imaginaba que él estaba a mi lado, cogido de la mano, compartiendo con mi familia. Esos eran mis pensamientos.

Algo que me atraía mucho de él era que tenía hijos. Era un padre ejemplar. Eso me enamoraba aún más.

Todos los días me masturbaba pensando en él. Eso me llenaba a pesar de la distancia.

Lo amaba con todo mi ser.

«Mi amor querido», repetía en mi mente.

Muchas veces pensé en comprar un vuelo a Cúcuta para verlo. Pero siempre pensaba: «¿Y si le parezco muy intenso?».

A veces lo llamaba y le pedía disculpas por ser tóxico. Lo necesitaba.

Cuando teníamos tiempo, nos veíamos bañar. Ese era nuestro momento.

Pero con el tiempo, la comunicación se redujo a «buen día, amor», «buenas noches, amor», «te amo» cuando podíamos.

Ya no hacíamos videollamadas para vernos.

Después me contó que su padre tuvo que ir a vivir con él. Sentí que la comunicación no iba a ser la misma. Ya estaba comenzando a notar una lejanía.

Hubo dos veces que no me despedí de él. Me sentía sobrecargado de trabajo, de comentarios en mi empresa. Quería estar solo, desconectado del mundo, pero nunca se lo dije por miedo.

Él creía que lo engañaba. Pero solo quería estar solo.

Se acercaba mi viaje de regreso a Acacías. Lo quería ver con todas mis fuerzas, pero el destino no lo permitió. Su nona había muerto. Nuestro encuentro programado en Tunja no se pudo dar.

Sentí mucho dolor. Primero por él y su tristeza. Segundo, porque mi encuentro iba a ser aplazado.

Me alejé un poco en esa transición. No quise molestar, ser una carga más.

«Debo respetar su tiempo», me decía.

Seguimos con la rutina de los «te amo, mi amor». Pero, la verdad, quería más. No lo hablé por miedo. No sabía qué hacer.

Ya se aproximaba mi viaje a Acacías.

12

EL FINAL DEL PRIMER AMOR

Recuerdo que estaba próximo a cumplir años. Quería hacerle algo especial antes de viajar.

Gestioné desde la distancia un detalle en Cúcuta. Estaba muy emocionado. Le pedí la dirección y le avisé que estuviera pendiente.

Pero llegó ese día y el domiciliario no se pudo comunicar con él. Insistí. Nada. Lo llamé. No me contestó.

La persona me dijo que los vecinos decían que no había nadie en el apartamento.

Sentí mucha rabia.

«¿Dónde está? Lo avisé para que estuviera pendiente y me hace esto».

Los celos aparecieron. No insistí más. Devolví el presente y le envié un mensaje diciendo que pasara por eso.

Al instante me llamó medio dormido, pero mi mente decía: «Está con otro». Me explicó que tenía un sueño profundo. Me pidió disculpas.

Las acepté, pero quedé con la espina.

Al día siguiente viajaba a Acacías por 45 días. Él me había dicho que nos íbamos a ver después, en mi descanso.

En Acacías me sentía solo. Quería mayor comunicación con mi amor, pero me encerraba en el trabajo.

No quería molestar. No quería perderlo. Entonces, llegó su viaje a Medellín.

Ese momento me dio muy duro. Más duro fue cuando publicaba cosas que no eran de él, sino de su jefe. Cosas que su jefe le enviaba y él subía a sus estados.

Me dio mucha rabia pensar qué iba a hacer en Medellín. Sentí que no tenía buena comunicación conmigo.

Los celos y la rabia me ganaron. Y me equivoqué.

Estuve con alguien para pasar el rato y desquitarme. Pero no sentí nada de placer. Solo quería quitarme esa rabia.

Me arrepiento. Me equivoqué.

Esa semana fue muy difícil. Encima, a mi padre le tuvieron que hacer una cirugía.

Pude pedir permiso. Lo llamé para avisar que estaba muy preocupado.

Él estaba en Medellín.

Quería salir de Acacías para no pensar en lo que había hecho y en que él estaba muy lejos con quién sabe quién.

Estuve con mi padre en la cirugía. Y lo peor fue que en mi mente estaba Ricardo, no mi padre. Eso me dio más rabia conmigo mismo.

Después de ese fin de semana, él regresó a Cúcuta. Bajaron un poco los celos y la rabia.

Solo trabajaba en Acacías, esperando saber si lo podía ver cuando saliera. Pero todo se fue dilatando. La comunicación se fue apagando.

Él me escribió diciéndome que me sentía alejado. Pero la verdad, rara vez nos llamábamos ya.

En mi pensamiento, quería una respuesta. Quería saber: si yo fui el último que escribió, él debía responder. Si él fue el último que llamó, yo debía ser la próxima llamada.

Quería compartir eso, pero no lo hice.

Algo que me dolió mucho fue que me dijera que lo único que quería de mí era un «buenos días» y un «buenas noches» de su amor.

¿No pensó en mí?

Eso me dio rabia.

Quería hablar con alguien de eso. Mi amigo que conocí la vez pasada estaba de paso por el llano. Nos encontramos, me puse a tomar con él y me emborraché.

Y de la rabia, me acosté con él. Porque me sentí solo y con rabia. No me gustó.

Sentía que debía acomodarme a su tiempo y disposición. Pero en una relación debe haber empatía.

Se acercaba el momento en el que él bajaría a Tunja con sus hijos. Me escribió que iba a viajar. Me puse muy contento.

Ya lo iba a ver. Me faltaban unos días para salir de Acacías.

Pero en Tunja lo sentí más alejado. Entendí que estaba con su familia.

Le escribí que estaba emocionado de verlo, pero algo sucedió: se tuvo que volver a Cúcuta.

Quedé frío.

Me dijo que volvería en unos días por asuntos con su madre.

Ya estaba en descanso. Tenía mucha ansiedad. Él tenía mucho trabajo.

Pero otro inconveniente: el padre de él se enfermó, y nuestro encuentro ya no sería posible.

Lo pensé demasiado.

Y le escribí que ya no aguantaba más.

Él me llamó preguntando qué había pasado, qué había cambiado. Le dije que no aguantaba más su espera.

En ese momento tenía rabia. Decidí abrir la aplicación para que me viera. Sabía que me iba a ver.

Y decidí borrar todo de él: su chat, sus imágenes, sus vídeos. No quería saber más.

Y ahí terminó mi primer amor.

No salí ileso, pero salí. Y eso ya es una victoria.

PARTE V

EL DESCENSO Y EL RENACER

La versión de mí que sobrevivió no es perfecta. Pero es auténtica. Y eso vale más.

13

MI ESTRÉS PERSONAL: DESCUBRIENDO MI ANSIEDAD

Después de terminar con Ricardo, caí en un patrón que no entendí hasta mucho después.

Los cambios de rutina me afectaban demasiado. Nuevas cosas en mi vida laboral me hacían sentir vulnerable. No lo toleraba. Era muy difícil para mí.

Siempre estaba sintiendo que no hacía bien mi trabajo, que mis compañeros lo hacían mejor que yo, que incluso podían hacer todo sin mí.

La relación con mis compañeros se estaba dificultando por rivalidad, descontento, chismes. Era horrible pensar eso de nuevo.

Creía que estaba bajando mi nivel laboral. Que ya no era funcional en el trabajo.

Esto era ansiedad. Pero no lo sabía todavía.

14

EL REBOTE:
BUSCANDO LLENAR EL VACÍO

Después de Ricardo, intenté estar con otras personas rápidamente.

Fui a un bar gay. Fue una excelente experiencia. También probé ir a lugares para conseguir encuentros casuales. Eso no me gustó.

Estaba viviendo algo que necesitaba experimentar para tener un recorrido, para saber qué era lo que realmente quería.

Con respecto a mi vida laboral, fui trasladado al Llano. Fue lo mejor que me pudo pasar. Laboralmente, crecí. Estaba ocupado y me sentía muy útil. Estaba controlando muchas cosas y me sentía bien. Permanecía ocupado, estaba tranquilo, me sentía pleno, agradecido.

Estaba volviendo a ser alguien.

Pero eso acabó muy pronto. Mis funciones me fueron arrebatadas y pasé a otra área.

Fue muy duro sentir que me desplazaban de algo que me estaba gustando. Pensé que había hecho algo mal.

Me pasaron a campo. El cambio fue notorio. Las personas a mi alrededor se dieron cuenta de que yo había perdido algo: mi orgullo. Fue muy duro acostumbrarme. Pensé que no iba a aguantar, pero pude superarlo.

15

INTENTOS DE CONEXIÓN

En ese cambio, conociendo a varias personas, conocí a un chico por Grindr en Puerto Gaitán. Estaba buscando la manera de sacarme de la cabeza a ese hombre que no me dejaba en paz en mi mente.

Era un chico que quería tener algo serio, que estaba pendiente a la distancia. Permanecía en contacto todos los días.

Pero no sentía nada por él. Quería sentir algo especial nuevamente, pero estaba prevenido por lo que me pasó con Ricardo.

Él me quería ayudar en ese proceso, aun así, no estaba listo. Y no sentía nada por él, a pesar de todo el tiempo que charlamos.

Después, en un momento de arrogancia, le dejé de hablar, así, para terminar las cosas.

En ese tiempo estaba abrumado porque no me llamaban a trabajar. Estaba preocupado. Pensé mil veces que me iban a echar. Pasé hojas de vida.

Pero, al final, me llamaron. Trabajé muy emocionado, ayudándoles, siendo muy colaborador con los compañeros para que se dieran cuenta de que estaba dispuesto a cualquier cosa y quedar bien.

Tiempo después, conocí a alguien por la aplicación. Me encontraba en Rubiales. Era un muchacho muy agradable que vivía en Puerto Gaitán y trabajaba como *bartender*. Me cayó muy bien.

Continué hablando con él en mi descanso. Me sentía bien porque estaba interesado en mí. Quise intentar acercarme a él, pero aún no había sanado del fracaso de mi primer amor.

Él quería ayudarme a sanar, pero eso solo lo podía hacer yo. Quería tener algo conmigo, sin embargo, no me atraía. No era mi tipo. Le expliqué varias veces que lo veía como un amigo, pero él quería pasar sobre mi decisión.

Lo limité tanto que un día, cuando estaba trabajando y estresado, decidí terminar de hablar con él. Fue duro, pero era necesario. No estaba bien ilusionar a alguien así.

Por ahí conocí varios hombres. Pasaba el rato, tenía encuentros sin tanto placer. La calentura se me estaba bajando y me volví muy selectivo. Debía complacer mis gustos. Obviaba a alguien temeroso; eso no estaba entre mis elecciones.

Por otro lado, pensé que no estaba destinado a tener amor. No creía que yo lo pudiera entender.

Estuve analizando qué me hacía falta. Igual, fue mi error.

Después conocí a otro hombre. Me interesé mucho, incluso, sexualmente. Nunca nos conocimos en persona. Por temas del destino, fue a distancia. Repitiendo la historia.

Había una razón: él era de mi tierra, por decirlo así.

Con él fui muy sincero de lo que quería. Sexualmente me movía, pero al conocerlo más y ver cosas que no me gustaban, me limitaba.

Se limitaba mucho a estar compartiendo con compañeros de trabajo. Entendí que primero aún me faltaba sanar, que ya tenía la experiencia de mis anteriores relaciones y que estar con alguien así no era la manera.

Tenía un *checklist* para evaluar a esa persona. No quería algo vago. Y la evaluación se perdió.

Entendí muchas cosas después de esto que me había pasado.

Lo primero era sanar. Y descubrí lo más importante: el tiempo, la paciencia y la aceptación de que esa persona va a estar ahí siempre, pero que yo era primero.

Por motivos laborales y de mi preferencia sexual, no tuve la oportunidad de vivir, enamorarme y experimentar el amor con alguien que pudiera ser mi pareja estable. Eso era importante entenderlo.

En el inicio de una relación homosexual —o cualquier relación— debe existir una motivación, sincronía, locura, unión, cercanía, buen sexo, comunicación... que vaya construyendo la confianza para que en esos momentos donde estén separados por la distancia, la confianza sobresalga.

Eso fue lo que analicé de mis circunstancias.

Por el momento, estaría solo y disfrutando. Pero eso iba cambiando mi personalidad. Yo solo era muy cambiante.

16

EL BAJÓN: PERDIENDO EL DESEO

Ahora estoy más tranquilo. Nuevamente, tuve mi despertar de calentura.

Me encontraba en descanso. Fui a encontrarme con una amiga de la universidad en Neiva y una excompañera del trabajo. Quería conocer hombres en ese lugar del país. Ese es mi fetiche: conocer hombres en lugares nuevos que visito.

Estuve con dos hombres, pero nada fuera de lo ordinario.

Algo representativo que me pasó fue que le conté a mi amiga que era gay. Le conté de mi vida y cómo era hoy en día. Ella me entendió. Creo que ya lo sabía.

Después de mi viaje por Neiva, volví a mi casa con ganas de seguir experimentando.

Conocí un muchacho muy joven, a mi parecer. No fue de mi gusto, pero él quería que siguiéramos viéndonos. Por mi lado, no era así. Yo solo soy de una vez y ya.

Después, de paso por mi pueblo, recordé que había alguien muy interesado en mí: un muchacho que siempre veía cuando estudiaba en el colegio y que me seguía mucho en redes sociales.

Me contacté con él y lo invité a tomarnos algo en el pueblo. Quería conocerlo en persona. Ya no tenía miedo de que hablaran de mí. Eso ya no me importaba.

De la charla, lo acompañé al trabajo. Cuando estuvimos solos, nos besamos. Fue muy lindo. Él me tenía muchas ganas. Bueno, me sigue teniendo ganas.

Esa noche tuvimos un encuentro íntimo. Fue la adrenalina de que nos pillaran.

Después, nos vimos en Tunja y nos encontramos toda la noche. Fue muy placentero. Y después, en el pueblo de nuevo, él y yo solos.

Se me olvidaba: él tenía una especie de relación con alguien, y eso era algo que me detenía. ¿Por qué él le hace eso a una persona para engañarlo conmigo? Eso era injusto.

Pero como no era mi pareja, dejé eso así. Con él sigo charlando de vez en cuando. No es de esas personas que te acuestas y dejas de hablar. No hay nada que ocultar y nada que incomode.

El bajón vino después.

Venía de una vida activa. Tuve una experiencia con un hombre de Úmbita. Se veía serio. Pensé que podíamos pasar un buen rato.

Conduje hasta allá como una hora y media de camino en la noche, sin conocerlo. Pensé que iba a ser rico, que era una persona de mente abierta y que vivía solo.

Al llegar al destino, me sentí engañado. Era un encuentro al aire libre, como adolescentes. Yo venía de estar con personas y tener citas chéveres, pagar hotel, estar cómodos.

Me sentí tan superficial.

De ahí, me pegó un bajón del libido tan grande que no quería saber de sexo ni de nada por bastante tiempo.

La verdad, sentí un gran vacío en mí. Y, sobre todo, me di cuenta de cómo son las personas. Sobre todo, esos hombres que buscan solo sexo.

17

DE VUELTA AL TRABAJO: REDESCUBRIENDO MI VALOR

Después entré a trabajar de nuevo y me interné en lo más profundo del Llano.

Por fin iba a demostrar en mi trabajo el rol de líder y gestionar las cosas que había aprendido durante varios meses. Eso me llenó mucho. Me sentía útil. Ya era el momento.

Eso causó que mi libido desapareciera. Estaba muy enfocado. Pero después volvió ese fuego de placer que no había sentido desde que inicié mi vida sexual con hombres.

Abrí la *app* que usamos muchos hombres para conocer personas. Quería matar las ganas como fuera.

En el campamento conocí a un hombre guapo una noche. Creo que los hombres se toman el gusto de conocer a otro hombre por primera vez con una adrenalina muy conocida y apetecida. Es natural.

Pero, en este caso, él estaba muy cerrado a conocerse, porque sería como exponerse. Eso ya está codificado como un escudo. Eso yo lo aprendí a controlar.

Él era muy lindo, pero estar en ese lugar no era seguro para tener encuentros. No hay lugar donde. Y él ya estaba perdiendo el interés.

Seguí buscando. Encontré a un hombre no muy simpático, pero tenía las ganas de tener el encuentro como sea.

Esa vez dije: «Sea como sea, hacemos algo».

Eso fue en la noche en el campamento, en la sala de televisión. Solo quería que me hiciera una felación, pero pasó algo inesperado: quería que lo penetrara.

No aguanté las ganas y lo hice. Fue muy placentero. Estábamos con la adrenalina de ser pillados, pero fue un rato y me gustó.

Y lo peor: no sé por qué se siente más rico sin protección.

18

VILLETA: MI FETICHE CUMPLIDO

En pocos días salí de trabajar y llegué a Bogotá. Quería seguir con esa emoción. Quería estar con alguien en cualquier lugar.

Me quedé en Bogotá, donde mi tío, en espera de salir a algún lado. Y sí, se planeó el paseo a Villeta.

Uff, qué rico. Un lugar donde mi fetiche iba a tener lugar: conocer hombres de otros lugares. Eso es algo que me da placer. Conocerlos, ver cómo son, estimularlos, coquetear y seducirlos. Eso lo aprendí.

Mientras tanto, en Bogotá, quería estar con esa primera persona con la que estuve tiempo atrás. Ese costeño con miembro considerable. Quería estar con él ahora que yo era una persona más extrovertida y sin miedo.

Lo busqué en la *app*, pero no me respondió.

Salió un hombre cerca que tenía un negocio, un bar o algo así. Pensé que era simpático.

Y es algo que está pasando: el uso de filtros. Las personas cambian mucho. Y la verdad, la primera impresión es su aspecto físico, y demasiado en el mundo gay. Eso es lo primero que nos atrae.

Continuando: tenía ganas de estar con alguien que lo fui a ver. Era un poco distinto, pero eso no importaba. Quería estar con alguien como fuera.

Pero el hombre estaba trabajando. Fue mala hora. Pero bueno, me invitó dos cervezas y pasó a la bodega. Me hizo sexo oral un rato. Qué rico fue eso, detrás del negocio, dejando a sus clientes en espera por más cerveza.

De ahí salí rápido, porque pensé que habría más acción. Tenía muchas ganas.

Al día siguiente fue mi viaje a Villeta. Estaba emocionado por el viaje. Quería conocer hombres en ese lugar.

El viaje fue tranquilo. Iba con la familia de mi tío.

Cuando llegamos, estaba buscando quién tenía la disponibilidad de lugar. Conocí a un hombre que tenía un buen cuerpo, pero la cara no era muy agraciada. Era peluquero, muy popular por decir.

Pero él tenía muchas ganas. Sobre todo, estaba buscando alguien que tuviera un miembro grande. Quería sentir algo intenso.

Mi pene es de largo normal, pero es grueso y un poco arqueado, con gran grosor.

Cuando llegué al lugar del personaje, tenía muchas ganas. El hombre tuvo que acceder a estar conmigo porque no había más disponible en ese pueblo a esa hora.

Llegué, pero de una vez me frené un poco. El hombre era un poco loco y había olor a marihuana. Eso me desinfló un poco.

Pero las ganas aún estaban en mí, ardiendo.

Fue rápido, la verdad. No me había venido como en cinco días. El hombre comenzó a hacerme sexo oral, muy delicioso. Casi me hace venir.

Después se volteó. Quería que lo penetrara. Lo sentí bien dilatado. Ya había inhalado *popper* para eso.

Me hizo venir dentro de él muy fácil. Al final, me sentí como un perdedor porque pensé que podía durar más. Y también porque me había venido adentro sin protección.

Al hombre no le importó. Espero que yo no le haya contagiado nada, o él a mí. Fue rápido. Él quería más, pero se me quitaron las ganas con ese hombre.

Me bañé y estuve en el parque conociendo más personas por la *app*, pero no había dónde.

En la noche concreté otro encuentro con alguien de mi edad. Era muy simpático. Fue tarde. Me tocó escaparme de la casa de mis familiares, haciéndome el que me había enfermado y requería aire fresco y caminar.

Nos encontramos en la Plaza de Mercado. Me llevó en moto a las afueras de Villeta, a un hotel campestre donde trabajaba. Él quería tener el control. Era un muchacho muy simpático que estaba solo y estaba ahí para ayudar a los dueños del hotel.

Era muy lindo. Tenía un cuerpo hermoso y era velludo. Ese vello se le notaba por todo lado. Tenía un trasero muy lindo y el vello se lo resaltaba. Uff.

Él quería ir despacio. Yo, al contrario, quería ir al grano. Las ganas no dieron espera.

Iniciamos nuestro encuentro en el *spa* del hotel. Cerca de ahí estaban algunos huéspedes jugando parqués. Me dio igual.

Besaba muy rico. Verlo desnudo me encantó. Él era muy sensible con su pene. Casi no le gustaba que le hiciera sexo oral. Por el contrario, me encantó cómo él lo hizo.

Él quería que lo penetrara. Eso fue rico. Estaba de pie, y yo detrás de él, tomándolo del cuello con una mano y rodeándolo del abdomen con la otra. Uff, fue muy rico.

La penetración fue el inicio. Él me dio a entender que lo quería todo. Así fue. Lo empujé. Fue muy rico. Sentía su placer.

Estando piel a piel fue muy rico.

Después hizo algo como para asegurarse de que había hecho su trabajo de lavarse. Me hizo a un lado y examinó si estaba limpio mi pene. Y así fue. Seguí penetrándolo bastante.

Él quería que me viniera adentro, pero esa vez no lo hice. Él no pudo venirse. Dijo que tenía que hacerlo con mi miembro adentro.

En ese caso, esperó un momento para poder excitarme y tenerla dura de nuevo para darle y que él se pudiera venir.

Fue muy rico estar con él. Lo volvería a hacer si se pudiera. Calmé ya mis ganas de estar con hombres.

Al día siguiente estuve por Anapoima. Después, en la noche, regresé a Bogotá.

Supuestamente me iba a ver con un hombre que hacía dos años quería ver porque se veía interesante y tenía buen miembro. Pero eso no se pudo hacer ya que estaba cansado, y mi propósito ya había sucedido.

Después viajé a mi casa, al campo. Estaba con mi familia, muy chévere con ellos. De inmediato, me tocó regresar a trabajar a Maní, Casanare.

Y ahí seguiría con mi historia sexual y emocional de mi vida.

Dejé de buscar la aprobación de quienes nunca iban a darla. Ahí comenzó mi libertad.

PARTE VI

EL ENTENDIMIENTO

*El día que dejé de pedirles permiso
para existir empecé a vivir de verdad.*

19

COMPRENDIENDO MI ANSIEDAD

Después de todo lo que he vivido, he llegado a una conclusión importante: **estaba padeciendo de ansiedad.**

No lo sabía en ese momento. No entendía por qué los cambios de rutina me afectaban tanto. Por qué sentía que no hacía bien mi trabajo. Por qué constantemente pensaba que mis compañeros lo hacían mejor que yo.

No entendía por qué las relaciones laborales se me dificultaban tanto o por qué sentía rivalidad donde probablemente no la había.

Ahora lo entiendo.

La ansiedad me hacía cuestionar constantemente mi valor, mi lugar en el mundo, mi capacidad de hacer las cosas bien.

Con Ricardo, la ansiedad me llevó a necesitar comunicación constante, a sentir que si no estaba presente todo el tiempo, lo perdería. Me hacía obsesionarme con los detalles, con los mensajes, con las llamadas.

La ansiedad me hacía sentir que tenía que «ganarme» el amor de las personas, que tenía que estar disponible siempre, que tenía que ceder mis propias necesidades para complacer a otros.

Y eso no es amor. Eso es miedo.

Entender esto ha sido parte fundamental de mi proceso de sanación.

20

LECCIONES APRENDIDAS

He aprendido tanto en este camino. Cosas que me hubiera gustado saber desde el principio, pero que solo pude aprender viviéndolas.

Sobre la sexualidad:

No existe «culpable» de tu sexualidad. Simplemente es quien eres.

Aceptarte no significa que todo será fácil, pero sí que será auténtico.

El deseo no define tu valor como persona.

Está bien explorar, experimentar, conocer. Pero siempre con responsabilidad y respeto hacia ti mismo y los demás.

Sobre las relaciones:

El amor no es obsesión. El amor no es ansiedad.

Una relación sana requiere comunicación, límites claros y, sobre todo, que ambas personas estén en el mismo lugar emocionalmente.

La distancia puede funcionar solo si hay confianza real, no solo esperanza.

No puedes forzar a alguien a amarte de la manera que tú necesitas. Y está bien dejarlo ir cuando no es lo correcto.

Sobre mí mismo:

Mi valor no depende de tener pareja o no tenerla.

Mi éxito no se mide comparándome con otros.

Está bien estar solo mientras aprendes a estar contigo mismo.

La sanación no es lineal. Habrá retrocesos, y eso es parte del proceso.

Sobre la ansiedad:

Los cambios de rutina me afectan, pero puedo aprender a manejarlos.

Mi mente me jugará trucos haciéndome creer que no soy suficiente, pero son solo pensamientos, no realidades.

Pedir ayuda profesional no es debilidad. Es valentía.

Necesito respetar mis propios límites, no solo los de los demás.

21

MI RENACER

Hoy, mientras escribo esto, no soy el mismo Juan que empezó esta historia. Ese Juan de cinco años, confundido y curioso.

Ese Juan del colegio, lleno de culpa y odio hacia sí mismo. Ese Juan de la universidad, invisible y solo.

Ese Juan de la pandemia, que quería dejar de existir.

Ese Juan que conoció a Ricardo y pensó que había encontrado todo, solo para darse cuenta de que aún no se había encontrado a sí mismo.

Hoy, soy un Juan diferente.

Sigo siendo imperfecto. Sigo cometiendo errores. Sigo teniendo días malos donde la ansiedad me gana.

Pero ahora entiendo que:

Merezco amor, empezando por el mío propio.

Mi sexualidad es parte de mí, no todo lo que soy.

Está bien pedir ayuda cuando la necesito.

Está bien estar solo mientras aprendo a conocerme.

Está bien tener límites y hacerlos respetar.

No tengo que probarle mi valor a nadie.

He aprendido que el amor propio no es egoísmo. Es necesidad.

He aprendido que sanar no significa olvidar, sino integrar las experiencias y seguir adelante.

He aprendido que mi historia, con todos sus errores y aciertos, es valiosa. Porque es mía. Porque es real. Porque si alguien más está pasando por algo similar, quiero que sepa que no está solo.

EPÍLOGO

MI MENSAJE PARA TI

Si estás leyendo esto y te identificas con alguna parte de mi historia, quiero decirte algo:

La vida es hermosa. Llena de tranquilidad y felicidad.

Sé que cuando estás en medio de la oscuridad, esas palabras suenan vacías. Yo también las hubiera rechazado cuando estaba en mi peor momento.

Pero son verdad.

Todo lo que pasa en tu vida, por doloroso que sea, es por algo. No siempre entenderás el porqué en el momento. Yo no lo entendía. Pero con el tiempo, las piezas empiezan a encajar.

Siempre, **siempre** hay un camino para ti. Incluso cuando sientes que todas las puertas se han cerrado. Incluso cuando piensas que no eres suficiente. Incluso cuando crees que nadie te va a amar por quien eres.

Hay un camino.

Si eres una persona LGBTQ+ luchando con la aceptación: No estás roto. No estás equivocado. No eres una carga. Eres exactamente quien debes ser. Y mereces amor, respeto y felicidad tanto como cualquier otra persona.

Si estás batallando con ansiedad o depresión: Busca ayuda, por favor. No esperes a estar al borde del abismo como yo. Habla con alguien. Ve a terapia. Toma medicamentos si los necesitas. No hay vergüenza en cuidar tu salud mental.

Si sientes que no encajas en ningún lado: Dale tiempo. Yo tampoco sentía que encajaba. Pero, poco a poco, construyendo mi vida con autenticidad, encontré mi lugar. Y tú también lo encontrarás.

Si acabas de salir de una relación que te rompió: Está bien llorar. Está bien estar enojado. Está bien extrañar a esa persona. Pero también está bien sanar, seguir adelante y, eventualmente, abrirte de nuevo al amor cuando estés listo.

UN EJERCICIO PARA TI

Te voy a pedir que hagas algo que alguien una vez me pidió hacer y que cambió mi vida:

Ve a un espejo. Mírate a los ojos.

Y dite a ti mismo: **«Eres la persona más bella. Y mereces amor, empezando por el tuyo propio».**

Al principio, te sentirás ridículo. Llorarás. Querrás alejarte. Pero hazlo de todas formas.

Hazlo todos los días hasta que empieces a creerlo. Porque es verdad.

GRATITUD

Quiero agradecer a todas las personas que fueron parte de mi historia: A mi familia, que me amó incluso cuando yo no me amaba a mí mismo.

A Ricardo, quien me enseñó que podía ser amado y también me enseñó que necesitaba amarme primero.

A cada persona con la que compartí momentos, buenos y malos, porque cada uno me enseñó algo sobre mí mismo.

A los que me cerraron puertas, porque me forzaron a encontrar ventanas. A los que me lastimaron, porque me enseñaron qué límites necesito poner. Y a mí mismo, por no rendirme.

REFLEXIÓN FINAL

Escribir este libro ha sido catártico. Ha sido doloroso. Ha sido necesario.

Si mi historia ayuda, aunque sea a una persona a sentirse menos sola, habrá valido la pena compartirla.

Si mi historia hace que alguien busque ayuda antes de llegar al punto donde yo llegué, habrá valido la pena.

Si mi historia le recuerda a alguien que hay esperanza, que hay luz después de la oscuridad, que hay un camino incluso cuando parece que no lo hay, entonces cada palabra habrá tenido sentido.

La vida es hermosa. Llena de tranquilidad y felicidad.

Y tú, quien sea que seas, donde sea que estés en tu camino, mereces experimentar esa belleza.

Mereces la tranquilidad. Mereces la felicidad.

Mereces el amor.

Empezando por el tuyo propio. **Siempre hay un camino para ti.** Siempre.

Juan.

Un hombre de 25 años que está aprendiendo a amarse a sí mismo, un día a la vez.

RECURSOS DE APOYO

Si estás batallando con pensamientos suicidas, ansiedad, depresión, o necesitas hablar con alguien:

Colombia:

Línea Nacional de Prevención del Suicidio: 01 8000 113 113
Teléfono de la Esperanza: (57) 1 323 2245 (Bogotá)
WhatsApp de apoyo emocional: 300 754 8933

Apoyo LGBTQ+ en Colombia:

Colombia Diversa,
Caribe Afirmativo,
Grupo de Apoyo y Acción por las Diversidades Sexuales

No estás solo. Hay personas que quieren ayudarte. Por favor, busca ayuda. **Tu vida vale la pena.**
AGRADECIMIENTOS DEL AUTOR
Gracias por leer mi historia.
Gracias por acompañarme en este viaje.

Gracias por tu valentía al enfrentar tus propias batallas.

Y gracias por seguir aquí, seguir luchando, seguir buscando tu camino. Porque tu historia también importa.

Y el mundo necesita que estés en él. Con amor y esperanza,

Juan

ÍNDICE